LUMIÈRE

FRATERNITÉ GÉNÉRALE

GOUVERNEMENT PATERNEL

OU

LA VOLONTÉ DE DIEU

DROIT AU TRAVAIL

ET

SON ORGANISATION FRATERNELLE

PAR **MORELIÉRAS**

Ouvrage politique, moral et religieux.

Les moyens qu'il indique font disparaître l'ignorance, la férocité et la misère, et rétablissent la fraternité.

Dédié aux Députés de la Montagne.

PARIS, 25 NOVEMBRE 1849

En vente :

Chez l'auteur, rue aux Ours, 8.

GOUVERNEMENT PATERNEL

OU

LA VOLONTÉ DE DIEU.

DROIT AU TRAVAIL ET SON ORGANISATION.

PARIS. — IMPRIMERIE GERDÈS,
RUE SAINT-GERMAIN-DES-PRÉS, 10.

FRATERNITÉ GÉNÉRALE.

GOUVERNEMENT PATERNEL

OU

LA VOLONTÉ DE DIEU.

DROIT AU TRAVAIL ET SON ORGANISATION

PAR

MORELIÉRAS.

PARIS
CHEZ L'AUTEUR, 8, RUE AUX OURS

1849

OPUSCULE

POLITIQUE, MORAL ET RELIGIEUX.

Les moyens qu'il indique font disparaître l'ignorance, la férocité et la misère, et rétablissent la fraternité.

Dépendre de son père, c'est la liberté.

Dépendre de ses frères, c'est l'esclavage.

PRÉPARATION DE L'ESPRIT.

Riches et pauvres sont esclaves :
Quatre mots seulement
Vous l'expliquent parfaitement.

Ces quatre mots sont :

VOULEZ-VOUS? — et — FAITES-MOI.

Le premier est : *Voulez-vous?* — c'est se soumettre.

Le second est : *Faites-moi;* — c'est commander.

Le riche se soumet quand il a besoin.

Le riche commande quand on a besoin.

Riches et pauvres seront libres quand on dira :

J'APPORTE. — JE VIENS CHERCHER.

Ces quatre mots seuls expliquent parfaitement notre liberté.

Quand j'ai travaillé et que mon ouvrage est achevé, je l'apporte à mon père : il m'en paie la valeur. — Quand j'ai besoin de l'ouvrage que mes frères ont fait, je vais chez mon père le chercher, et il me le donne en m'en faisant payer la valeur.

Je respire : le temps de la concurrence est enfin passé ! le bonheur va commencer !

PREMIÈRE INSTRUCTION.

Malheureusement je suis encore du temps où les hommes ont abandonné la maison et la protection de leur père. Dieu veuille qu'ils y reviennent ! Les enfants ont fait envers leur père ce que le père a fait lui-même envers Dieu. Les enfants sont élevés dans l'erreur par un état de société combiné orgueilleusement avec des cœurs endurcis et corrompus. Ces enfants, à un âge voulu par cette société, se croient être autant que le père. Cette erreur qu'ils commettent encore, les oblige, quand ils ont atteint l'âge de vingt et un ans, à se mettre séparément en famille et à en supporter seuls toutes les conséquences. L'erreur du père envers Dieu lui a fait voir sa nudité; l'erreur des enfants envers leur père les a affaiblis de manière que la moindre charge les effraie. La manière dont ils ont organisé les lois de la société qu'ils ont créée pour ne plus être sous la domination d'un bon père, est pour eux vraiment effrayante; mais d'enfants insoumis que peut-on attendre de plus? Pour moi, je suis bien malheureux d'être né sous l'impulsion des mauvaises lois de cette société. La triste position du père de chaque petite famille séparée du premier père est réellement inquiétante, puisque à lui seul il a autant de tourment que tous les hommes réunis en auraient ensemble dans la maison paternelle.

Il y a si longtemps que ce mal existe, que maintenant la grande majorité des hommes en ignorent la cause.

Mes frères, je me fais un devoir de vous dire que tout est désorganisé depuis que le premier homme a quitté la maison de son père, son autorité et sa protection. Depuis ce temps, toute la race humaine a toujours continué la même faute; c'est cette désorganisation qui nous a rendus sujets, en nous faisant dépendre les uns des autres. Après, le pillage a commencé; les forts, les adroits, les savants, se sont emparés de tout; les bons, les faibles, les malades, n'ont rien eu que la charité suppliée avec instance. Dépendre de son père, c'est la liberté; dépendre de ses frères, c'est l'esclavage. Maintenant, je vous demande laquelle des deux situations vaut le mieux? ..... C'est encore de cette séparation de notre père que l'orgueil, l'envie, la médisance, la colère, la paresse, l'avarice, la misère, ont pris leur source; c'est encore notre éloignement de la maison commune de notre père commun qui a fait disparaître la fraternité et le bien-être que nous devions en recevoir.

DEUXIÈME INSTRUCTION.

Je dois dire à tous ceux qui l'ignorent que Dieu a tout créé, et qu'il n'a créé qu'un seul homme pour tout gouverner. Cet homme est notre père, duquel nous ne devions jamais nous séparer. Quelque temps après, Dieu forma la femme, qu'il donna à l'homme pour compagne, et d'eux devaient naître tous les hommes; mais l'homme et la femme devaient attendre la volonté du Créateur, chose que lui-même leur avait recommandée.

L'homme et la femme étaient poussés par des passions qui leur faisaient désirer d'autres jouissances que celles qu'ils possédaient dans le paradis terrestre; mais il fallait s'en abstenir en attendant la volonté du Créateur. L'homme et la femme trouvaient sans doute le temps d'épreuve un peu trop long, puisque, peu de temps après, l'homme est tourmenté par sa femme; elle-même l'était aussi par son mauvais génie. Enfin, l'homme fut faible, et il désobéit à Dieu pour plaire à sa femme, qu'il aimait. Cette désobéissance a fait commencer un peu plus tôt leur génération; mais dans quels lieux! Ils n'étaient plus dans le paradis terrestre (c'est le lieu où étaient réunies toutes les délices); ils étaient sur la terre, où eux et leur génération n'ont trouvé pour vivre que terre à travailler et épines à arracher. Si encore nous nous y fussions soumis! il serait venu un temps que, par nos travaux réunis sous la direction de notre père commun, nous aurions fini par arracher toutes les épines, et, en nous soumettant à la direction de notre bon père, nous aurions détruit tout ce que la désobéissance a produit, et la terre serait devenue, en la travaillant convenablement, le paradis terrestre.

Mes frères, il vaut mieux tard que jamais; il est encore temps : réunissons-nous tous ensemble pour travailler le grand domaine que Dieu a légué à notre père. Rapportons-lui tout ce que nous avons pris, et désormais gardons-nous d'en séparer un seul petit morceau. Laissons à notre père le droit d'en donner l'usufruit par égale portion à ses enfants, nos frères, qui voudront travailler comme il en ordonne, afin que le domaine produise partout sans négligence. Nous connaissons notre père, nous savons qu'il est bon et savant; par lui, nous serons bien mieux guidés que par chacun de nous en particulier. S'il n'en était pas ainsi, nous resterions malheureux comme nous le sommes.

Quand nous aurons arraché toutes les épines et les mauvaises herbes de la terre, les autres plantes nous donneront des fruits abondants pour satisfaire à nos besoins raisonnables; toutes ces choses, qui seront plus que suffisantes pour nous faire exister heureusement, ne le seraient pas, si encore nous ne les déposions pas entre les mains de notre père, pour qu'il les estime et les fasse payer le prix estimé ou tarifé. Quand il en sera ainsi, nous serons dans le paradis terrestre, en attendant le royaume de Dieu.

Ainsi soit-il.

EXPOSÉ

DU GOUVERNEMENT PATERNEL,

D'OU NAIT LA FRATERNITÉ GÉNÉRALE.

Nous ne serions pas frères, si nous n'étions pas les enfants du même père.

Si vous ne voulez plus de révolutions, consultez ce petit ouvrage; vous y trouverez les moyens pour que, dans le cœur des hommes, le germe en sèche. — Si vous suivez les moyens que j'y indique, vous cesserez d'être sur la terre maudite, vous serez dans le paradis terrestre.

D'après mes principes de fraternité générale, le peuple n'est pas roi, mais ces principes constituent les hommes enfants du roi. Étant les enfants du roi, pour nous combien de richesses, combien d'honneurs, combien de dignités! Avouons que nous en aurons plus venant de notre père que nous ne pourrions jamais en acquérir; et de plus nous pourrions dire, en tel endroit que ce soit: Ce château, ces domaines, toute cette terre, appartiennent à mon père.

Cette fois, les enfants des bords de la Garonne ne mentiront plus quand ils diront: « *Du château de mon père, je vois la Garonne.* »

Les hommes doivent être assurés de vivre en travaillant; pour cela, il ne faut pas que ceux qu ne veulent faire rien d'utile aillent par la force partager le fruit de ceux qui travaillent. Dieu a établi le travail pour tous; il ne veut pas qu'on vive sans travailler utilement: il veut aussi que les hommes y consentent; la liberté qu'il accorde à l'homme doit lui faire apercevoir qu'il est autre chose qu'animal. Hélas! puisqu'il faut le consentement des hommes, mon Dieu! quand serons-nous assurés de travailler pour vivre et de vivre en travaillant, puisque ce sont les plus forts, les plus adroits, les plus savants qui veulent vivre sans travailler! Mon Dieu! tout ce que vous leur avez donné pour faire le bien, ils l'emploient à faire le mal! Mon Dieu! quel compte à vous rendre! Je vous le confesse avec humilité, l'homme est rebelle à votre volonté; le malheureux, il se plaint, tandis que c'est lui-même qui fait son malheur! Mon Dieu! je vous en supplie, ne soyez pas juge, soyez miséricordieux!

Hommes forts, adroits, savants, vous employez à votre profit, contre la volonté de Dieu, tous les dons qu'il vous a faits, en vous en servant pour vous emparer de toute la terre, afin de la distribuer à ceux qui voudront vous reconnaître pour les maîtres, et consentir à en partager les fruits qu'ils feront croître en la travaillant. C'est être mauvais en tout et pour tout que de s'emparer de la propriété commune pour ensuite la confier à autrui, afin d'en retirer, sans rien y faire, la moitié du produit qui n'existe qu'en la travaillant. Ce sont ces premiers crimes qui sont la semence de tous les autres.

Pendant tout le temps que les forts pourront primer les faibles, que les adroits pourront tromper, que les savants gouverneront à leur profit, le monde sera toujours troublé et l'esprit inquiet, puisqu'il est vrai que, pendant que ces premiers s'emparent de toute la terre pour s'en rendre maîtres, tous les jours il en est d'autres qui, en grandissant, acquièrent la force, l'adresse et le savoir. Ces derniers la disputeront toujours aux premiers; ils auront raison, c'est leur droit : la terre est leur propriété, comme elle est celle des premiers. Nous sommes tous les enfants d'Adam; nous sommes frères : Jésus-Christ nous l'a assuré par sa parole. Vu notre fraternité, nous sommes tous héritiers de la terre; seulement, comme usufruitiers, les nouveaux héritiers qui naissent tous les jours doivent empêcher qu'on puisse la partager définitivement.

Dieu, en créant la terre et tout ce qu'elle contient, n'a créé qu'un seul homme, et à son image, qu'il a nommé Adam, à qui il a tout donné à gouverner, et d'Adam tous les hommes sont nés. Adam est le père de tous les hommes, tous les hommes sont ses enfants; ils sont aussi ses héritiers : par cette conséquence, les premiers nés qui se sont emparés de la terre doivent toujours la partager avec les nouveaux venus, et la repartager avec les générations futures, car

Adam n'a rien vendu, il ne s'est pas dépossédé; il ne le pouvait pas, vu les nombreux enfants qui devaient naître; et, si Dieu avait voulu que la terre eût appartenu à deux hommes, il en aurait créé deux; mais, comme Dieu voulait que nous soyons tous frères, Dieu n'a dû en créer qu'un. Non, je le répète, Adam n'a rien vendu, il n'a chassé aucun de ses enfants; seulement il leur a dit : Mes enfants, voilà de la terre; travaillez-la convenablement, elle produira des fruits suffisants pour vous payer le travail que vous y ferez. C'est seulement un usufruit qu'il nous a donné en nous disant : Voilà de la terre, travaillez-la convenablement. Mais, comme un bon père, il exige que nous nous la partagions en frères jusqu'à la consommation des siècles. Adam a jugé par sa faiblesse personnelle ce que seraient notre faible nature, notre ignorance, nos mauvais vouloirs, nos méchancetés; il voyait que notre raison particulière n'était pas suffisante pour que chacun de nous puisse tenir la balance et puisse prendre légalement ce que veut la justice. Aussi a-t-il dit : « Il n'y aura d'heureux que ceux qui resteront dans la maison paternelle. » Mes frères, reconnaissons que le jugement de notre père est vrai. Maintenant que nous connaissons le précepte qu'il faut suivre pour être heureux, mes frères, sans perdre de temps, mettons-le en pratique. Puisque c'est dans la maison de notre père commun, sous sa protection, où est le bonheur, restons-y. Ceux de nos frères qui voudraient en sortir, ce ne serait que pour mal faire; notre devoir est de les forcer à y rester (1).

Ne faisons pas ce qu'a fait la famille de l'enfant prodigue : à peine lui eut-on permis de sortir de la maison paternelle, qu'il en est sorti comme un fou pour dissiper sans produire; plus tard, il s'est rendu voleur de la pâture qu'on lui confiait pour nourrir les pourceaux qu'il gardait. Quel gardien, il mangeait leur nourriture !

Mes frères, vous voyez que l'exemple est assez frappant; il doit nous déterminer à ne voir nulle part de vrai bonheur que dans la maison paternelle. Et combien sommes-nous heureux quand notre père est parmi nous ! Devant lui, les faibles

(1) La terre doit être sans cesse distribuée, par notre grand-père, à tous ceux de nous qui voudront la travailler comme il en ordonnera, et le fruit appartient à celui qui l'a fait produire.

sont tout aussi forts que les forts, et nous aurions beau nous vouloir du mal pendant que notre père vivra, nous serons toujours frères. — Vive la fraternité générale !

Mes frères, depuis la désobéissance de notre premier père Adam, le monde est désorganisé; depuis ce temps, les hommes se sont toujours mal organisés. C'est de cette organisation toute mondaine que dépendent tous nos maux; elle ne sera bien que quand nous la mettrons en harmonie avec la volonté de Dieu!

En ce moment, beaucoup d'hommes s'occupent de plusieurs genres d'organisation sociale, afin de rendre les hommes plus heureux. Pour cet effet, on nous parle beaucoup de communisme, de socialisme; comme ce ne sont que des noms, je ne sais si je ne suis pas communiste et socialiste : je crois être tout cela, et plus encore, vu mes principes de fraternité générale. Le communisme et le socialisme ne sont que des fraternités particulières; avec ces principes, nous aurions toujours des étrangers qui nous feraient la guerre; et en ce moment, si nous sommes malheureux, c'est précisément parce que nous vivons en communauté et en société particulière. Pendant que nous serons en communauté et en société et que nous dépendrons les uns des autres, nous ne pourrons pas nous traiter en frères, étant tour à tour prisonniers et geôliers. Je ne me présente pas devant vous pour flatter vos goûts, vos passions; je viens vous faire part d'idées, de bonnes idées. Dieu veuille que nous les mettions en pratique! Ces idées nous donnent les moyens de nous rendre indépendants les uns des autres, puisque nous pouvons dire aux voisins : « Mes voisins, je vous souhaite une bonne santé; enfin, aujourd'hui, je n'ai plus besoin de vous, c'est-à-dire de votre fortune, ni de vos protections. Si vous voulez m'accorder votre amitié en échange, je vous donnerai la mienne. »

Mes frères, ne vous ennuyez pas du temps que je prends pour vous indiquer les moyens qui peuvent nous sortir de la misère. Je ne doute pas que ce long temps est désagréable pour plusieurs, car ce petit ouvrage n'est pas plus amusant que la grammaire et le catéchisme ne le sont pour les petits enfants.

Vous allez vous apercevoir que j'attaque tous les modes de gouvernement qui se sont succédé et ceux qu'on veut faire prévaloir. Ne soyez pas étonnés si, en passant, je vous fais quelque blessure. A la fin, vous trouverez le remède pour vous guérir parfaitement, le prix du dommage et les intérêts. Ce qui m'étonne beaucoup, c'est d'apercevoir tant de rapprochements dans les idées que les hommes ont, et qu'ils ne s'entendent pas. Ce qui me fait apercevoir ce rapprochement d'idées, c'est que toutes les nuances, et chacune en particulier, me disent que je suis de la leur. Quand je parle à un communiste, il me dit que je suis communiste; les socialistes m'en disent autant; et, quand je parle à d'autres honnêtes gens, ils me disent que je pense comme eux. Enfin, Dieu veuille que j'unisse ces couleurs et que d'elles il en sorte une belle œuvre, la fraternité générale!

Je vais vous citer des noms et des couleurs : ces couleurs ne sont pas des couleurs d'opinion, et les noms ne sont pas des noms de noblesse; ce sont seulement des positions sociales, et tous autant que nous sommes nous pouvons les obtenir..... Sachez bien que mon point de vue es de faire sécher dans le cœur des hommes le germe de révolution, et d'établir le gouvernement paternel sur les bases fondamentales de trois mots : *fraternité, égalité* et *liberté;* de faire le bien.

Mes frères, du labyrinthe où nous étions perdus, nous sommes tombés dans un précipice; nous ne pouvons en sortir qu'en nous donnant la main. Si nous consentons d'un bon cœur à nous donner la main, nous sortirons de cette saison d'hiver qui dure depuis le commencement des temps, et nous rentrerons en été, belle saison où nous resterons toujours. Allons, mes frères, que cette révolution soit la dernière, et que dans le cœur des hommes le germe en sèche! A tout péril, soutenons la fraternité, l'égalité, la liberté de faire le bien, la propriété et l'ordre. Que la république soit le type de bonté et de charité, que ses institutions servent de modèles aux nations, pour qu'un jour les barrières qui nous séparent soient enlevées.

Il y a dans la collection ou la masse qui compose la société française trois positions bien distinctes, qu'il faut séparer un moment pour ensuite les réunir. En faisant ici allusion aux trois couleurs, — la première comprend tous ceux qui vivent rentiers; — la deuxième, ceux qui vivent d'industrie; — la troisième enfin, tous ceux qui ne possèdent rien. Il convient donc d'assigner à chacune d'elles, comme à chacun des individus qui la composent, un nom, un titre, des droits, des charges; en conséquence, pour faire exercer la justice et faire exécuter les lois, pour établir l'égalité possible et notre force, il faut faire la part à tous, de telle sorte que la balance ne penche d'aucun côté.

Je commence par donner les noms : les premiers, qui sont ceux qui vivent de rentes, je les nomme pairs de France ou fils aînés; les seconds, qui sont industriels, je les nomme fils de France ou fils cadets; tous ceux qui ne possèdent rien, je les nomme enfants de la France ou fils jeunes; et le plus digne de nous que nous mettons à notre tête pour tout gouverner, je le nomme grand-père des Français ou le père de tous les Français, qui doit se prendre dans les trois couleurs. Tous les autres emplois de la république appartiennent à ceux qui sont capables de les remplir. Le droit et l'humanité veulent qu'ils soient à ceux qui ne possèdent rien; comme on le voit, la chose n'est pas indifférente au point de vue de l'égalité, car celui qui possède seul peut concéder à celui qui n'a rien. La responsabilité par corps offre toute sécurité, et il faut avoir trente ans pour être admis à un emploi supérieur. Celui qui s'est instruit et qui a vécu honnêtement à la sueur de son front n'est pas un lâche; c'est le plus beau cautionnement qu'il puisse offrir et le meilleur certificat qu'il soit possible de présenter, à cet effet, à la république. Que dis-je? céder quelque chose! Il n'y a point de cession, les emplois sont achetés et payés avec usure. Généreux enfants de la France, vous les avez payés, vous payerez encore, vous payerez sans cesse! Hélas! de quelle monnaie? De vos sueurs et de votre sang, s'il est utile; et je demande quels sont les trésors d'ailleurs qui puissent l'emporter dans la balance. Les enfants de la France n'ont rien; cependant ils doivent lui payer un impôt: ils ont la force, ils le payeront avec la force; avec elle ils feront la guerre, et ils formeront les colonnes qui soutiendront l'édifice.

Plus de fonds secrets, plus de frais de représentation, plus de bas emplois; tous les hommes étant égaux respectivement, les emplois doivent l'être aussi dans la même mesure. Les employés de la république, travaillant le même temps, doivent recevoir les mêmes traitements. Ces principes détruisent les révolutions, l'orgueil, l'envie, la médisance, et établissent la fraternité.

Les impôts doivent être pris sur toutes les productions au marc le franc.

Les couleurs nationales sont les insignes des trois positions sociales qui composent toute la famille française : la couleur rouge est celle des enfants de la France, le blanc est l'insigne des fils de France, le bleu est l'insigne des pairs de France. Le clergé n'a point de couleur, il est indépendant : c'est un pèlerin à qui nous devons tous protection, secours, hospitalité et honneur. Je crois, si ce n'est ainsi, que la révolution subsistera toujours dans les cœurs.

Républicains, si les enfants des pairs de France et ceux des fils de France ne possèdent rien en particulier, ils sont enfants de la France; comme les pères et les fils peuvent devenir les enfants de la France, par la même raison les enfants de la France peuvent devenir fils et pairs de France.

VOULOIR DU PEUPLE

PRÉSENT A LA RÉVOLUTION

QUI A ÉTÉ FAITE LE 24 FÉVRIER 1848.

Le droit au travail et la récompense due au travail.

On dit que tout le monde travaille d'une manière ou de l'autre. Oui, quoique l'orgueil de l'homme veuille toujours s'y soustraire. Il a beau faire pour le déguiser, c'est un décret divin, il est toujours contraint à s'y abaisser; mais, au lieu de bien travailler, il travaille mal; ce n'est pas à ce travail qu'est due la récompense, elle est due au bon travail, au travail de conscience; à cet effet, il a été proclamé à l'Hôtel-de-Ville de Paris, par les membres réunis du gouvernement que le peuple a nommé provisoirement, ces paroles : « Peuple, c'est vous qui avez fait la révolution, le prix vous appartient pour soutenir vos droits; vous nous placez à votre tête, nous l'acceptons, et nous vous promettons de vous en assurer le profit. » Ce sont ces paroles auxquelles on a cru qui ont tout calmé. Rappelons-nous les noms de ceux qui ont fait ces promesses, car je vous demande quels sont les profits qu'en retire le peuple! Malheureusement, nous le savons tous, la misère se fait voir où elle passe; on a beau la couvrir, ses traits sont si bien caractérisés qu'elle se voit toujours.

Puisque cette dernière révolution n'a pas encore porté ses fruits et que l'arbre sèche, si nous voulons, il est encore temps. Nous pouvons le soigner, sa séve est en nous. Il est donc certain que, si nous voulons, il ne périra pas; mais, à ce sujet, l'éducation des travailleurs est négligée, ils ne connaissent pas leurs droits et leurs devoirs; leur ignorance les rend indifférents; je crois qu'avec cette indifférence, ils le laissent mourir. Comme je ne veux pas coopérer à sa mort, je dois continuer à vous dire mes pensées. Vous n'ignorez pas que ce sont nos inquiétudes qui nous procurent une grande partie de nos maladies; ce sont ces maladies et le temps perdu, le temps que nous passons sans travailler, qui nous procurent la triste connaissance de la misère. Enfin, je vais vous communiquer les moyens pour remédier à tous ces maux; mais que votre patience me permette de vous dire des choses qui ne sont que des vérités, il est vrai, que tout le monde sait, mais qu'il est bon de rappeler ici; je m'en fais un devoir d'autant plus grand qu'elles ne sont pas très-éloignées de mon sujet, par lequel je ne prétends pas vous indiquer la perfection, mais je m'en approcherai le plus près que je pourrai, d'après les bonnes inspirations que Dieu veut bien me faire la grâce de m'accorder.

Avant tout, l'homme doit savoir qu'en naissant, il porte avec lui deux décrets divins auxquels il ne peut se soustraire que pour être plus malheureux. Le premier est d'être condamné à travailler à la sueur de son front; le second est de reconnaître que tous les hommes sont nos frères : aussi, j'ai l'honneur de vous dire que l'esclavage des bonnes lois en harmonie avec ces trois mots : fraternité, égalité et liberté de faire le bien, est plus léger à supporter que le fardeau des libertés déréglées.

Comme naturellement nous naissons bruts, notre premier devoir est de nous polir; pour cela nous devons reconnaître que nous sommes lâches et égoïstes; quand nous avons de la nature trop d'avantages pour nous battre avec ces deux grands défauts et emporter sur eux la victoire, nous devons nous imposer de grands devoirs pour nos frères qui sont privés de ces avantages.

Comme aussi nous ne devons pas souffrir que ceux qui sont accablés de malheurs les supportent seuls. Les Juifs, quoique ayant condamné Jésus-Christ à mort, ont forcé Simon à lui aider à porter sa croix; nous, chrétiens, peuple de frères, serions-nous plus inhumains que les Juifs? Nous n'avons condamné personne à mort ni ne devons le faire; nous devons au moins, comme les Juifs, nous forcer, et comme frères, nous faire un plaisir d'aider à supporter, par tous les moyens, les peines de ceux qui en sont accablés. Plus notre devoir est d'abolir la servitude esclave, plus nous devons aussi abolir le scandale public des rues, élever les cœurs et relever les mœurs.

Telles que les choses sont et se pratiquent encore, on a une espèce de raison de dire, pour ne pas effrayer le monde, que toutes vérités ne sont pas bonnes à dire; mais moi, qui ne sais pas faire le choix de celles dont il faut m'abstenir, comment faire? Je vais vous en dire beaucoup : celles qui ne vous conviendront pas, mettez-les de côté; ce que j'en fais, c'est pour fixer l'opinion du peuple producteur.

Première vérité. — Les gouvernements qui se sont succédé jusqu'à ce jour auraient dû dire aux riches : « Riches, vous avez mauvaise grâce de venir demander des emplois, tandis que, chez vous, vous ne pouvez suffire à toutes les occupations qu'exige votre fortune, puisque, pour vous suppléer, vous vous adjoignez des employés. Allez, allez, riches égoïstes, allez manger le vôtre, avant de venir demander à manger celui des autres. » Non, ces gouvernements n'ont pas bien gouverné, pardon, je me trompe, ils ont bien gouverné pour appauvrir les travailleurs producteurs, en partageant leurs fruits avec lesquels on enrichissait le roi et les plus fainéants de ses employés qu'il choisissait parmi les riches pour les enrichir davantage, en leur donnant ce qu'ils ne gagnaient pas. J'ai toujours fait attention, et je me suis toujours aperçu que tous ces mauvais travailleurs, plus on les payait cher, moins ils travaillaient; ils sont ordinairement corrupteurs et corrompus. Oui, tous ces gouvernements ont toujours fait payer, d'une manière ou de l'autre, au travailleur producteur, les verges avec lesquelles ils voulaient les fouetter. Plus, tous les gouvernements nous ont permis de nous tuer moralement en nous laissant dépendre les uns des autres, et on donnait des armes aux plus forts pour détruire les faibles plus à l'aise, ou pour qu'ils en fissent des esclaves. Plus, pour faire un massacre plus grand, plus féroce, ils laissent les forts et les faibles s'agacer par la médisance, car les uns disent : Monsieur tel..., négociant, fabricant ou marchand, je ne le crains pas, j'ai des moyens qui me facilitent à pouvoir vendre meilleur marché que lui. Un autre dit : Monsieur tel... ne fait que de la camelotte. Beaucoup de concurrents disent aussi : Monsieur tel... vous n'avez plus besoin de vous occuper de lui, car il est mort. Vous savez que le chef des maisons qui font des affaires ne meurt pas, car aussitôt il y a un successeur; le concurrent qui veut faire les affaires, dit que non : pour lui tous les moyens sont bons quand on réussit. Le concurrent dit que la maison est encore en liquidation ou que le successeur est un âne, ou qu'il manque de moyens pécuniaires; il assure que la maison fait plus mal ou qu'elle n'existe plus. Peut-être le gouvernement nous dira qu'il ne nous est pas défendu de dire et de faire autrement. Je répondrai : Non, puisque vous nous en ôtez le pouvoir en permettant la concurrence. Quand on ne permettra plus la concurrence, le roi ne perdra plus la couronne, et le peuple ne perdra plus son temps.

Deuxième vérité. — Peuples de travailleurs-producteurs, on dit que vous êtes des bêtes, c'est ce qui fait qu'on se sert de vous comme on se sert des bêtes. Peuples, ce n'est pas l'esprit qui vous manque; quand vous voudrez rendre la réciproque, vous cesserez d'être bons, vous ne serez plus bêtes, on ne se servira plus de vous comme on se sert des bêtes. Hélas! non, ne cessons pas d'être bons, devenons encore meilleurs, cherchons partout notre père commun que nous avons abandonné; quoi qu'il en soit, nous serons frères quand nous l'aurons trouvé, et nous ne serons heureux que quand nous serons rentrés dans sa maison, sous sa protection: c'est lui seul qui établit la fraternité, lui seul qui protége et distribue également et qui donne la liberté de faire le bien et les moyens de pouvoir le faire.

Troisième vérité. — Peuples, ordinairement, quand vous voyez un homme bien vêtu, vous dites : Voilà un homme comme il faut. Oui, si votre pensée s'arrête à ses vêtemens, je dirai comme vous : Voilà comment il faut que tous les hommes soient vêtus pour qu'ils le soient comme il faut. Mais, si votre pensée s'étend plus loin, je vous dirai : Cessez d'être dans l'erreur; sachez bien qu'on n'est pas comme il faut quand on fait ou qu'on laisse souffrir une personne par sa faute; et on est bien loin d'être comme il faut quand, au bénéfice de son travail, pour en avoir davantage, on y ajoute, par tel moyen que ce soit, celui du travail de ses frères.

Quatrième vérité. — L'intrigant, le roué et le fripon disent : « Par le travail, encore quand on veut bien vous en donner, on ne peut que vivre malheureux; il est donc insuffisant pour faire ses affaires et pour ne plus être sujet à des maîtres. Ou il faut un grand don de la nature et une chance extraordinaire; encore n'arrive-t-on que quand on y ajoute le jeu. Par le jeu, c'est donc plus tôt fait et les chances sont plus abondantes; en jouant, on peut avoir quinte, quatorze et le point : il en est fait d'un seul coup. » Je vous dirai que, par le jeu, ce n'est pas légal; le jeu rend la vie orageuse, tandis que le travail est naturel: car tous tant que nous sommes nous savons faire quelque chose d'utile. Il est bien certain que, parmi nous, beaucoup ne sauraient pas jouer, je puis vous l'assurer, moi le premier...

Cinquième vérité. — Pourquoi vient-on riche en ce temps-ci? Ce n'est pas difficile à savoir : c'est quand on ne rend pas tout ce qu'on prend.

Sixième vérité. — Tout le monde sait que l'oisiveté est la mère de tous les vices; le monde sait aussi que la misère les excite, et que le monde sache aussi que la fortune en est la nourrice. Pour que les vices n'aient plus de mère, il ne faut plus d'oisifs; pour que les vices ne soient plus excités, il ne faut plus de misère; pour que les vices ne soient plus nourris, il ne faut plus de fortune.

Septième vérité. — Les communistes et les socialistes disent qu'ils veulent faire le bien. Je le crois; aussi je me plais à croire qu'ils ne s'aperçoivent pas qu'ils ne changent rien de la société existante : comme elle, ils sont les ennemis de l'humanité. Beaucoup d'hommes peuvent être étonnés de mon langage, d'après les récits qu'ils ont entendu faire depuis quelque temps du communisme et du socialisme; mais, soyez rassurés, je suis un de vos bons amis, j'ai pour vous le cœur embrasé d'amour. A la fin de cet ouvrage, vous le reconnaîtrez; car je veux que nous ne soyons plus sujets, et que notre vie ne soit plus tourmentée par le caprice ou le mauvais vouloir de quelques-uns de nos frères. Si l'on ne vous en a pas instruits, je vais vous en instruire. Oui, malheureusement, nous y sommes trop en communauté : c'est précisément cette communauté qui nous ôte notre liberté, et qui nous fait dépendre les uns des autres; c'est cette communauté qui fait que le riche est héritier de la richesse, et rend le pauvre héritier de la misère. Je désire ardemment que personne ne soit héritier de la richesse, ni de la misère, ni de l'honneur, ni des fautes d'autrui; je désire que chacun ne soit héritier que de sa propre production, et notre grand-père héritier de toutes les successions.

Huitième vérité. — Le socialisme, comme je l'entends, est un géant, un Hercule, qui, avec sa masse, exterminerait tous ceux qui, par leur caractère ou par infirmité de toute nature, ne voudraient ou ne pourraient se ranger sous son drapeau; en un mot, c'est la guerre des uns contre les autres, c'est une lutte continuelle. Ce n'est donc pas la fraternité, c'est la force pour repousser la force. Moi, j'aspire à la fraternité de tous les hommes. En parcourant cet ouvrage, vous trouverez tous les moyens d'y arriver. En conséquence, socialistes haineux, rentrez dans le devoir légal de fraternité générale. Socialistes qui n'acceptez le moyen du socialisme que pour que l'homme soit forcé à arriver plus promptement à mon but, vous pouvez continuer à vous en servir; cette arme est bonne pour forcer sans contrainte ceux qui ne veulent pas marcher pour l'atteindre. Socialistes faibles, vous qui comptez plus sur la force de vos frères que sur la vôtre, sachez bien qu'ils sont tous aussi faibles que vous : cessez vos calculs. Soyez sans inquiétude, mes moyens vous rendent tout aussi forts que les forts, et rendent les forts tout aussi faibles que vous, puisqu'ils font diminuer la force au niveau de la faiblesse, et ils font augmenter la force du faible au niveau de celle du fort.

Neuvième vérité. — Nous sommes tous les enfants du même père : c'est la seule raison qui fait que nous sommes frères; s'il en existait deux, nous serions étrangers. Jésus-Christ nous a renouvelé cette vérité, en ne choisissant qu'un seul apôtre pour gouverner son Église, qui est aussi universelle. « *Je pense que la terre était assez grande pour être divisée en douze parties, que chaque apôtre aurait pu gouverner. Non, elle est indivisible, car Jésus-Christ a fait une seconde fois ce que Dieu a fait la première.* »

Dixième vérité. — Ceux qui ont cru établir l'amitié fraternelle entre les hommes en les mettant en rapport avec leurs intérêts ont fait erreur : on n'est ami que jusqu'à la bourse. Il est bien vrai que celui qui demande fait éloigner l'autre. C'est aussi ce bataillement d'intérêt que nous avons entre nous qui nous rend ennemis, car on ne voit d'apparence d'amitié qu'entre ceux qui ne se demandent rien que des choses agréables et qu'ils peuvent se rendre instantanément.

Onzième vérité. — Nous avons toutes les libertés, excepté celle de travailler. Honnête homme, jugez, d'après cette onzième vérité, ce qu'est la société qui nous fait la loi. La liberté du travail, utile à tous, est celle que nous devions avoir la première; elle est la mère des autres, elle est aussi la seule qui ne fait de tort à personne. Si nous l'avions, elle ferait du bien à tout le monde. Le père dit à ses enfants : « Travaillez, » et les frères se disent : « Je ne veux pas te faire travailler. »

Douzième vérité. — Le gouvernement que je

vous révèle est le gouvernement naturel; il est le moins difficile, et pourtant beaucoup d'ignorants, de voleurs, diront qu'il n'est pas possible. Je dirai « Oui » pour eux; mais il est possible pour ceux à qui nous confions le soin de nous faire de bonnes lois. Je dirai à ces derniers que: «Tant qu'ils ne feront pas les lois qui conviennent au gouvernement paternel, je les mets au nombre des premiers, et je les considère comme eux. »

Homme, que ton ignorance et ta férocité disparaissent avec la misère.

Comment, il faut donc plus de dix-huit cent quarante-huit ans à l'homme pour qu'il sache qu'il est susceptible de beaucoup de bien et de beaucoup de mal, et qu'il est appelé à régner dans la joie de Dieu avec les hommes tout comme avec Dieu même, à la condition seulement de se contenir à faire le mal et de prodiguer tout le bien dont on est susceptible!

Jusqu'à ce jour, l'homme a donné à l'homme des chaînes plus lourdes que ses forces physiques et morales ne peuvent porter. Seulement, en mariage, permettons qu'il en prenne de physiques, mais qu'elles soient légères et agréables. Quant au moral, mon point de vue est de lui retirer l'inquiétude de l'avenir et de féconder toutes les jouissances qui ne laissent aucun remords, pour qu'elles remplissent le cœur et qu'elles élèvent l'âme.

Il faut donc encore une révolution populaire et sanglante pour que l'humanité fraternelle fasse un pas? Combien faudra-t-il donc de révolutions pour en finir? Que celle-ci soit la dernière! Hommes de bien, arrêtons-nous-en là. Hommes justes, faites de suite les parts. Hommes rendurcis, que votre cœur se dilate et qu'il se délasse en accordant contre ses passions tout ce que l'humanité lui dicte; accoutumez-le au bien; à proportion qu'il s'élèvera, vous apercevrez votre lourd fardeau s'alléger, et vous commencerez à éprouver de douces jouissances, quand vous aurez la conviction que vous n'occasionnez plus de souffrances. Enfin, disons tous d'une seule et même voix : « Il ne nous faut pas d'un gouvernement qui donne beaucoup à ceux qui n'ont besoin de rien, et qui prend beaucoup à ceux qui ont besoin de tout. De ceux qui ont tout et de ceux qui n'ont rien, ce qu'il nous faut, c'est un gouvernement qui gouverne tout et qui nous gouverne en frères, comme un bon père doit gouverner ses enfants. » Je vais, dans un moment, vous expliquer comment je l'entends. Ce qui me détermine à vous soumettre mes moyens, c'est pour que ces trois mots — fraternité, égalité et liberté de faire le bien — soient enfin une vérité.

Fraternité, c'est d'être les enfants du même père et d'en recevoir les mêmes bienfaits. Égalité, c'est de recevoir de ce même père les mêmes avantages et les mêmes protections, c'est-à-dire que tout soit fait également. Liberté de faire le bien, c'est qu'on puisse améliorer son sort en travaillant d'un travail qui produit à tous.

Pour que l'homme soit heureux, il faut qu'il dispose de moyens puissants dans la volonté de faire le bien, et que tout ce qu'il produit n'ait aucune différence à l'argent. L'argent est tarifé; vous en auriez une grande quantité que cela n'empêcherait pas à une pièce de 5 francs de valoir 5 francs. Eh bien! il faut que toutes les productions soient de même. Non, il ne faut pas que la production d'argent fasse fléchir les autres productions : il faut, comme l'argent, que les quantités enrichissent; il faut que chacun soit assuré et puisse dire, quand il travaille : « Je fabrique de la monnaie, et de la bonne! » Car elle ne peut être contrefaite qu'au même prix, puisqu'on ne peut pas se servir de paille pour du bois, de papier pour du cuir, de coton pour de la soie, du poil de veau pour du] poil de castor, etc. En ce moment, chacun de nous pourra dire : « Mon bonheur, ma fortune est au bout de mes bras; enfin, pour la première fois aujourd'hui, je peux donner tout ce que j'ai, puisque demain j'en fabriquerai d'autres. Je ne dois cependant pas m'enorgueillir; je dois savoir que je suis sur la terre à comparer à un faible roseau coupé au pied, où le moindre vent me f erait perdre équilibre; je dois savoir que ce n'est qu'en masse que le monde se soutient. J'aurais donc mauvaise grâce d'être orgueilleux, puisque je suis sûr d'être soutenu par celui que je mépriserais. Hélas ! peut-être demain, je serai mis sous la terre, là où les vers me mangeront, les hommes marcheront sur moi! Et de mépriser mon frère, ne serait-ce pas me mépriser moi-même? »

Vous ne doutez pas que, lorsque tout sera tarifé, qu'on doublera sa fortune quand on doublera sa production; tout sera arrangé de manière pour que chacun retire en entier le prix de son travail. Exemple : Les gouvernements n'ont pas perdu sur le tabac, la poudre, les ports de lettres; croyez-vous que le boulanger perde sur son pain? La part qu'on lui fait n'est-elle pas suffisante pour l'enrichir? et de combien s'enrichirait-il davantage, s'il y ajoutait le travail qu'il exige de ses malheureux ouvriers; lui, moins bête, il se dit : « On m'en passe assez, et avec la peine de mes ouvriers, sur laquelle je gagne, bien entendu, dit-il, je m'en contente. Quand on veut vivre longtemps, il ne faut pas se tuer. » Vous voyez, mes frères, que les choses qui sont tarifées le sont de manière à ce que le producteur y trouve toujours son bénéfice; et maintenant que sera notre bénéfice, quand nous serons assurés qu'il y aura à faire autant que nous le voudrons, et que, quelque quantité qu'il y en ait, la valeur n'en diminuera jamais? Permettez-moi de vous dire que, d'après ces moyens, la misère disparaît, et elle est remplacée par la fortune.

*

PRIÈRE ADRESSÉE A DIEU.

Mon Dieu, je vous aime de tout mon cœur. Jésus-Christ, mon modèle, à votre exemple, j'aime mes frères autant que moi-même. Combien il est malheureux que la créature veuille méconnaître son Créateur, sa grandeur et sa volonté! Il est aussi bien malheureux que beaucoup de chrétiens fléchissent lâchement à la volonté de la corruption. Mon Dieu, ouvrez nos yeux, faites que nous vous voyions partout, comme vous êtes partout; faites aussi que nous vous aimions par-dessus toute chose : sans cela, il n'y a rien de durable. Je sais que, pour l'obtenir, il faut nous en rendre dignes, vous le demander et reconnaître notre néant. Mon Dieu, je sais que, par moi-même, je ne suis et ne peux rien : vous qui vous êtes toujours servi des petites choses pour en faire de grandes, je vous prie, servez-vous de moi pour faire connaître à mes frères leur Créateur et sa volonté. Mon Dieu, je vous remercie des bonnes inspirations que vous me donnez; faites-moi la double grâce que je puisse les insinuer à mes frères. S'il y a quelque hérétique, veuillez que la majorité fasse en sorte qu'il se soumette.

Conséquences du gouvernement paternel.

Mes frères, pour nous gouverner, plaçons à notre tête le plus digne des hommes, et nommons-le notre grand-père, pour qu'il soit sur la terre le remplaçant de Dieu, le successeur d'Adam; pour qu'il fasse rendre la justice de Dieu et pour nous remplir le cœur de sa joie, et pour qu'il nous répète souvent ces paroles : « Aidez-vous, je vous aiderai. » Travailleurs, vous êtes libres; quand vous travaillerez, vous en retirerez le bénéfice. Ne vous inquiétez pas, l'œil de Dieu voit partout. Notre grand-père étant son remplaçant, son œil verra partout. Comme bon père, il nous prodiguera ses bienfaits; son cœur aura pour tous ses enfants la même tendresse, les mêmes affections, et nous, en particulier, n'oublions pas que Dieu nous a dit : « Homme, pour vivre, tu travailleras à la sueur de ton front; » et Jésus-Christ nous a dit : « Vous reconnaîtrez les hommes pour vos frères, vous les traiterez et vous vivrez avec eux comme vous voulez qu'on vous traite et que l'on vive avec vous. »

Deuxième conséquence. — Toutes les choses produites par le bon travail ne perdront jamais de leur valeur; les quantités n'en feront rien diminuer du prix. Cette fois, elles enrichiront le travailleur, tout comme enrichit la quantité d'argent. Toutes choses seront tarifées, comme sont tarifés l'argent, la poudre, le tabac, les ports de lettres, le pain, etc. Les uns n'auront pas besoin des protections ni de la fortune des autres; toutes nos productions seront de la monnaie invariable; nous serons tous fabricants de monnaie : nous ne serons plus sujets; chacun sera l'arbitre de sa position, quand on aura atteint l'âge de vingt et un ans, époque où on sera déclaré majeur. En recevant le nom de fils de France et une dot, quand on aura augmenté par le travail sa fortune et qu'elle atteindra le chiffre de 30,000 francs, on cessera d'être travailleur, et on recevra le nom de pair de France.

Troisième conséquence. — Notre grand-père

restera toujours chargé des soins de toute chose et de soigner en toute chose la jeunesse, la vieillesse et tous ceux qui en auront besoin quand ces derniers donneront des raisons légitimes. Avec mes moyens j'abolis la servitude esclave, et la dépendance les uns des autres donne la liberté et le pouvoir de faire le bien; j'élève les cœurs, je relève les mœurs; j'ôte les emplois de l'État à ceux qui ont chez eux de quoi s'occuper pour les remettre à ceux qui n'ont rien; j'empêche qu'on se serve du peuple comme on se sert des bêtes, j'empêche aussi qu'on lui fasse payer les verges pour le fouetter; j'abolis toutes sortes de jeux d'intérêt: le travail seul qui profite à tous produira le bien-être, l'aisance et la fortune; cette fois elle sera légitime. Tous les travailleurs sont mis au pied du mur; celui qui en fera le plus en aura le plus; chacun retirera en entier le prix de son travail; le travail sera réglé convenablement par la raison de la majorité; le travailleur saura, avant de se mettre à la besogne ou au travail, ce qu'il va faire, où il le vendra, le prix qu'il en retirera, le bénéfice qu'il fera, et il pourra en faire autant qu'il voudra en se conformant au modèle que notre grand-père lui montrera; il sera assuré de ne plus être exploité ni mis en concurrence avec son frère; sur tout ce qui se produira il n'y aura jamais de perte pour le producteur. Pour en assurer l'existence continuelle, tout sera tarifé, et dans chaque commune il y aura un entrepôt général pour tous les habitants, où chacun y aura un compte ouvert par *doit* et *avoir*; chacun y portera ses produits de toute nature, excepté les choses qui ne peuvent se garder quelque temps. Pour ces dernières choses, il y aura un règlement particulier pour qu'elles paient un impôt. On ira à l'entrepôt chercher celles dont on aura besoin. Le bon père n'aura plus l'inquiétude continuelle de l'existence de ses enfants; il n'aura plus à craindre, s'il en a beaucoup, de l'insuffisance de ses forces. L'enfant n'a plus besoin de la succession de son père; le riche ne peut plus opprimer le pauvre; les instruments d'oppression sont détruits; le pauvre ne dépend plus du riche, il ne se nourrira plus des mies de son pain, il ne se vêtira plus de ses haillons; le fort ne peut plus faire fléchir le faible, le faible n'a plus à craindre le fort; la tendre mère est satisfaite, la veuve est protégée et secourue, la fille peut attendre un meilleur avenir; l'acheteur et le vendeur ne feront plus la loi suivant leur position; le fripon, le roué ni l'intrigant n'ont prise nulle part; il n'y aura que ceux qui voudront jouer l'un de ces trois rôles qui me feront de l'opposition. En affaires, il n'y aura pas de perdant; le voleur et l'assassin seront chassés. Tous les autres troubles contre l'ordre seront condamnés par le juge de paix à une amende de conformité à ce qui sera fait. Les impôts seront perçus légalement sur les productions au marc le franc.

Administration.

Une administration pour l'achat et la vente de toutes choses. A chaque production il y aura une administration particulière, comme il y en a une pour le tabac.

Notre grand-père ayant le monopole de toutes choses, étant propriétaire de tout le territoire, de tous les bâtiments qui sont sur mer et sur la terre, tous les Français sont ses enfants. En cette qualité ils sont tous ses héritiers. Comme il doit naître des enfants jusqu'à la consommation des siècles, ils ne peuvent être qu'usufruitiers. Socialement, je classe les hommes en trois positions bien distinctes qui ont toujours existé et qui, je crois, existeront toujours quoi qu'on fasse. Pour qu'on connaisse leur position sociale, je ne considère que la valeur reconnue par le travail. Pour ceux qui ont travaillé beaucoup il doit venir un temps où il faut qu'ils se reposent: c'est alors que je les nomme les aînés ou pairs de France; ceux qui possèdent quelque chose, mais qui ne sont pas arrivés au chiffre voulu par le règlement, je les nomme cadets ou fils de France; tous les autres qui ne possèdent rien, je les considère comme n'étant pas majeurs, je les nomme jeunes ou enfants de la France. Tous ces derniers qui n'ont pas atteint vingt ans, âge de leur majorité, seront tous dotés d'une portion égale de terre comme usufruitiers. A défaut de terre, on les dotera de choses propres à l'industrie, à condition qu'ils en useront et feront produire conformément à ce que le conseil de la commune en ordonnera. L'usufruitier de la terre ne pourra jamais ni vendre ni céder; il rendra à la commune ce qu'il ne pourra faire produire, et ceux de l'industrie apporteront leurs produits à l'entrepôt général pour en recevoir la valeur. Les communes sont auxiliaires des cantons, les cantons le sont de l'arrondissement, les arrondissements le sont du département, les départements le sont du gouvernement : il en est de même pour les entrepôts de toutes les productions; les communes déclareront aux cantons toutes les productions et les quantités qu'elles auront, et elles feront la demande au canton de tout ce dont elles auront besoin; les cantons en feront autant à l'arrondissement, etc.

Vous voyez que, par ces moyens, notre grand-père gouvernera tout; il ira chercher les choses où il y en aura de trop, et il les portera où il en manquera. Tous les transports sont à sa charge; rien ne manquera nulle part. Partout les choses auront la même valeur, comme les pièces de 5 francs valent partout 5 francs.

Concernant les récoltes, le gouvernement fera en sorte que le travailleur ne soit pas dupe des mauvais temps; son travail étant fait, il doit en recevoir le prix. Par la même raison on ne doit pas faire de différentes qualités de vins; autant que possible on doit mêler tout ensemble pour que chacun ait de l'un et de l'autre; il en sera de même des blés. Tout le monde sait qu'ordinairement ce sont les plus mauvais terrains qui donnent le plus de peine, qui produisent moins et qui donnent les plus mauvaises qualités; le vendre moins ce serait un meurtre; ce ne serait pas récompenser le travail. Il faut que toute la terre produise; si elle est ingrate, il ne faut pas que le travailleur en soit dupe. Enfin, notre grand-père procurera partout le bien-être, car autrement il serait un père inhumain. Notre grand-père fera faire à toutes les productions le flux et le reflux; par comparaison les ruisseaux grossiront les rivières, les rivières grossiront la mer, et la mer refluera jusqu'à la source des petits ruisseaux les plus éloignés d'elle. Quand notre grand-père aura pourvu aux besoins de tous ses enfants, il fera transporter le trop plein dans des entrepôts généraux qu'il aura à Paris et où besoin sera pour en faciliter l'écoulement du côté de l'étranger.

Notre grand-père achètera toutes les productions du sol et toutes celles de l'industrie, à condition que ses enfants de l'industrie se conforment au modèle qu'il leur présentera. Notre grand-père recevra au marc le franc, sur toutes les productions du sol et celles de l'industrie, les impôts suffisants pour faire honneur à tous ses frais. Notre grand-père détruit la concurrence, fléau maudit qui a détruit la fraternité, l'égalité et la liberté de faire le bien. On ne fait que bien quand on travaille et qu'on prie Dieu.

Notre grand-père va acheter toutes les matières premières, et il fera fabriquer toutes celles qui, après être fabriquées, sont encore matières premières, comme les peaux brutes sont matières premières pour le tanneur; quand le tanneur a fait son travail, la peau tannée est encore matière première : je vous en dirai autant du linge usé, qui est matière première pour faire le papier; une fois le papier fait, il est encore matière première: il en est de même des laines, des chanvres, des lins, des soies, des cotons, pour fabriquer les draps, les toiles, les tissus de toute espèce, et ces étoffes sont encore matières premières : il en est de même de tous les minéraux qui servent à fabriquer; l'or, l'argent, le cuivre, l'étain, le plomb, le fer, toutes ces choses sont encore matières premières : il en est de même des végétaux, etc.

Tous les hommes qui sont employés à ces travaux sont employés de l'État; les appointements sont réglés par le temps du travail; c'est aussi le temps qu'il faut pour faire une chose qui lui donne sa valeur. Exemple : Si le temps est estimé 40 centimes l'heure, un objet qui emploie cinq heures, l'objet sera tarifé 2 francs, prix que notre grand-père le paiera, et quand il le voudra, il y ajoutera ses droits pour faire honneur à ses frais. Quant aux employés, tous ceux qui travailleront le même temps recevront indistinctement le même traitement.

Tous ceux qui se destineront pour être médecins, chirurgiens, pharmaciens, ingénieurs, architectes, professeurs, chefs d'industrie, chefs d'administrations, officiers de l'armée, continueront les études nécessaires tout le temps qu'il faudra, aux frais de notre grand-père; ils ne recevront pas de dot. Je vous ai dit que, pour être employé, il ne fallait rien posséder. Après que toute cette catégorie d'employés que je viens de nommer aura rempli ses fonctions pendant vingt-cinq ans, ils seront considérés comme ayant gagné et économisé la somme suffisante pour cesser de travailler et mériter le nom de pairs de France et tous les honneurs que mérite ce nom, et la valeur de 1,500 francs par année pour retraite.

Seront retraités de même tous les académiciens, les juges de paix, les receveurs, les conducteurs de travaux. Quant à toutes les autres catégories d'employés, telles que tanneurs, papetiers, maçons, serruriers, peintres en bâtiment, etc., ils seront toujours libres de se retirer quand il leur plaira; mais tous ceux qui resteront dans leur légion respective en recevront continuellement le traitement, soit en état de bonne santé, de maladie et de vieillesse; il n'y aura pas d'autre cas de réforme que le vol et l'assassinat.

Notre grand-père, possédant tout le fonds, étant héritier de toutes les successions, il doit en échange à ses enfants, jusqu'à ce qu'ils soient majeurs, le logement, le vêtement, la nourriture et éducation et instruction littéraire, administrative et politique. A vingt et un ans, âge de leur majorité, notre grand-père donnera à chacun de ceux qui auront atteint cet âge une dot par égale portion et le nom de fils de France; ce nom ne détruit pas ceux qu'on a de sa famille et de son baptême. Ce nom n'est seulement qu'un nom de position sociale; c'est ce nom qui nous déclare libres et indépendants, avec notre travail, sur lequel nous ne perdrons jamais; avec de l'ordre dans nos affaires et de l'économie, nous pourrons augmenter notre fortune de 30,000 francs. Arrivés à ce chiffre, l'entrepôt arrêtera notre compte, après il remettra notre succession à notre grand-père. Dès ce moment nous cesserons d'être travailleurs; en échange nous recevrons le nom de pairs de France et une pension d'une valeur de 1,500 fr. par an notre vie durant, plus tous les honneurs qu'on doit à une bonne conduite; plus nous aurons droit à tous les emplois d'honneur, comme celui de maire; nous n'en recevrons aucun traitement.

Instruction des hommes. — L'instruction de rigueur est l'enseignement de la langue française, de la langue latine, de la religion catholique et apostolique, de l'agriculture, de cet ouvrage comme but politique, de la géographie, de la chimie, de l'histoire pour faire connaître l'erreur du passé et toutes les choses nécessaires aux administrations en général. L'enseignement de l'agriculture est un des premiers points, car, avant tout, il faut savoir faire produire la terre. Tant qu'il y aura de la terre à distribuer, c'est-à-dire à donner en usufruit, les enfants n'auront pas autre chose pour dot; ce ne sera que quand toute la terre sera distribuée que les enfans seront dotés avec des choses propres à l'industrie.

Lorsque les enfants auront atteint l'âge de quinze ans, on les fera sortir du collége où ils seront pour les envoyer dans celui où se professeront les métiers qu'ils auront choisis.

Comme notre grand-père est à même de connaître le mouvement relatif des professions diverses, il dira aux enfants qui vont commencer à produire: Mes enfants, telle production manque et telle autre surabonde; je vous engage, dans l'intérêt de la société, sans cependant vous y contraindre, à vous porter du côté de celles qui manquent.

A son décès, quand un Français mourra, on lui rendra les honneurs conformément à la conduite qu'il aura tenue durant sa vie, et on inscrira sur un tableau attaché à la croix que l'on déposera sur sa tombe ces mots : Notre frère tel est décédé tel jour; il a laissé à notre grand-père sa succession, fruit de son travail et de ses économies, montant à la valeur de...

Quant aux demoiselles, la liberté leur sera

rendue à dix-huit ans avec un trousseau en bon ordre et une pension de 300 francs par an, somme que l'on pourra augmenter d'après la fortune générale jusqu'au jour où elles se marieront, sur la condition qu'elles devront à notre grand-père quatre jours de travail par semaine. A cet effet, il faut qu'elles soient organisées en légions, sortant de ses mains, au moment où il le remet à leur famille, pour qu'on puisse les commander pour aller où besoin sera. Du jour où elles se marieront, elles cesseront d'être gouvernées par notre grand-père; la pension qu'on leur paie aussi cessera de l'être. Étant en puissance de mari, celui-ci, subrogé au lieu et place du grand-père, doit faire ce qu'il faut pour les rendre heureuses. Dans le cas où des raisons légitimes les obligeraient à demander séparation, si elles l'obtenaient, elles rentreraient sous la domination de leur grand-père pour être de nouveau organisées comme avant d'être mariées. Séparées ou veuves, elles doivent le même temps qu'elles devaient alors qu'elles étaient demoiselles, pour recevoir les mêmes appointements. Et si par malheur quelques demoiselles devenaient mères, elles passeraient dans la légion des veuves. Doivent être organisés de même en légions, les médecins, chirurgiens, pharmaciens, ingénieurs, architectes, professeurs, chefs d'entrepôts, chefs de bureau des administrations, conducteurs de travaux et tous les employés, en général divisés par catégorie d'industrie.

Vraisemblance du gouvernement paternel.

Louis-Napoléon Bonaparte, ou tout autre au choix de tous, serait, sur la terre, le remplaçant de Dieu, le successeur d'Adam, notre premier père à qui toute la terre a appartenu et de qui nous sommes tous nés; comme un bon père, il nous a dit : Sachez bien, mes enfants, que je ne vous ai pas engendrés pour que vous soyez esclaves les uns des autres, j'entends que vous viviez en bons frères. Sans aucun doute, nous savons que la nature humaine est brute et qu'elle est remplie de défauts; il est certain que les faibles et les bons seraient victimes des forts et des méchants. Il nous dirait : Pour éviter ces malheurs, je vous garde tous dans ma maison sous ma protection. J'ai fait faire des modèles bien confectionnés, bien détaillés pour tout ce qui est utile à notre logement, vêtement, nourriture, instruction et agrément; ils sont placés dans chaque académie: je vous observe qu'il y a autant d'académies que de genres d'industrie. Ce sont les académiciens, lorsqu'il faudra les renouveler, qui les feront faire, et que des assemblées générales accepteront. Après, ils les placeront dans le lieu où siége l'académie qui les concerne. Ils y sont placés par collection propre à chaque travailleur; tout est détaillé, autant qu'il est possible, pour que chacun y trouve à faire conformément à son intelligence et à son génie. Vous voyez, mes enfants, que, par ces moyens, vous pouvez devenir riches, si les quantités n'en font pas diminuer la valeur et si je fais en sorte que tous ayez à travailler autant que vous le voudrez. Ce n'est que cette perte de temps qui vous appauvrit; vous savez tous que ce n'est que la production qui nous enrichit et non le fonds. En ne perdant pas notre temps, nous ferons croître la production, donc notre fortune de sa valeur. Eh bien! à votre choix, prenez de ces modèles que je vous présente, faites-en autant qu'il vous plaira, ils sont tous tarifés, comme est tarifé l'argent. Soyez assurés qu'avec votre secours la quantité n'en fera jamais diminuer la valeur; pour vous en assurer le bénéfice, je m'en charge; c'est moi qui vous fais la commande de tout ce que vous allez faire de conforme à mes modèles; vous en recevrez le prix, qui est tarifé sans aucune rature; entre nous, un centime est un centime. Peut-être vous me direz : Mon grand-père, que ferez-vous de toutes ces productions? Je vous répondrai : Mes enfants, vous êtes jeunes, cette inquiétude est chez vous naturelle; pour vous tranquilliser, je n'ai qu'à vous dire que vous dépenseriez beaucoup plus que vous ne pouvez produire; mais soyez sans inquiétude, ayez confiance en votre grand-père, il ne vous trompera pas, soyez-en persuadés. Je suis vieux comme tout le temps, j'ai des moyens qui m'empêcheront de perdre sur ce que vous allez produire. Vous allez voir notre domaine s'embellir comme par enchantement. Enfin, nous allons sortir de l'hiver, saison où nous sommes depuis longtemps, pour entrer en été, belle saison où nous resterons toujours. Et, de tous les légumes pommés par cette belle saison, nous mangerons le cœur, nous vendrons aux étrangers les feuilles qui suivent; pour eux, elles seront exquises; et nous donnerons les feuilles de dessous, et ceux à qui nous les donnerons nous en seront reconnaissants.

Eh bien! mes enfants, maintenant que je vous ai tous réunis dans ma maison, vous êtes sous ma protection et vous allez tous travailler pour mon compte; maintenant je peux tous vous protéger également, du moment que le fort ne pourra plus faire fléchir le faible, que l'adroit ne pourra plus tromper, que le savant ne gouvernera plus à son profit. Tous les travailleurs sont libres : ceux qui aiment le communisme peuvent se mettre en communauté, ceux qui aiment le socialisme, peuvent se mettre en société; rien ne peut les en empêcher, et tous les autres se mettront comme ils l'entendront. Oui, mes enfants, un temps viendra que des minéraux du Pérou et de la Californie nous en ferons des chaudières et des chaudrons.

Maintenant que vous m'avez entendu, peut-être que ceux qui sont communistes disent que je suis communiste, je leur répondrai que non ; je suis né homme libre, je ne veux pas être esclave : peut-être aussi que les socialistes disent que je suis socialiste; je leur dis, comme aux premiers : Non, non, je ne consentirai jamais à me joindre à un autre frère pour faire la guerre à un autre frère. Je m'offre seul suivant mes forces pour être utile à deux. On me dira : Mais, qui êtes-vous donc? Je suis le fils de mon père que je cherche partout; quand je l'aurai trouvé, moi et les miens ne le quitterons jamais; que tous mes frères en fassent autant, le monde sera sauvé.

DÉSIR DE L'AUTEUR.

Je désire que mon ouvrage soit lu et bien compris par tout le monde; alors, le bois des fusils, nous nous en servirons pour faire un feu de joie, et le fer, nous le fondrons pour en faire une colonne dédiée à l'immortalité de la fraternité.

Beaucoup de communistes, beaucoup de socialistes m'ont dit que j'étais plus communiste, plus socialiste que sont les communistes et les socialistes. Je leur ai répondu : Oui, puisqu'il est vrai que la fraternité générale est plus que toutes les fraternités particulières. Comme aussi beaucoup de personnes m'ont dit que je suis plus que rouge : Oui, puisque au rouge j'ajoute le blanc, le bleu, etc.

A l'exemple de Jésus-Christ, prenons des verges, et de notre temple chassons les marchands, qui en font une caverne de voleurs.

Maintenant vous voyez quel est mon but : je vous y attends.

RÉSUMÉ.

Le plus digne des hommes nous servira de grand-père; indistinctement nous sommes tous ses enfants. Lui seul sera aussi riche que le sont ensemble tous les riches, puisqu'il sera propriétaire de toute la terre et des bâtiments en général, et héritier de toutes les successions (1). Il

(1) Notre grand-père reprend, à notre décès, ce qui nous reste de ce qu'il nous a donné durant notre vie et des fruits que nous avons acquis par le travail.

donnera ses richesses territoriales en usufruit à ses enfants au-dessus de l'âge de vingt et un ans; et nous, nous nous enrichirons en travaillant de tout ce que nous produirons. Notre grand-père percevra au marc le franc une contribution sur toutes les productions qu'on lui déposera, et qu'il tarifera en les recevant dans ses entrepôts. Du prix de cette perception, il fera transporter toutes choses où besoin sera, et il élèvera tous ses enfants mineurs; et, quand ils auront vingt et un ans, il les dotera en les déclarant majeurs, et leur donnera le nom de fils de France. Quand ceux-ci auront élevé leur succession à une valeur de 30,000 fr., ils la remettront à notre grand-père, et, en échange, ils recevront le nom de pairs de France, tous les honneurs dus à ce nom et une pension de 1,500 fr. par an. En ce moment, ils cesseront d'être travailleurs. Notre grand-père aura soin de tous ses enfants qui ne posséderont rien, des filles des veuves et des vieillards, en les faisant travailler chacun suivant leurs forces et leur capacité. Les infirmes sont entièrement à sa charge. Notre grand-père achètera toutes les productions du sol; il revendra en nature toutes celles qui serviront à la nourri ture; les autres, qui sont des matières premières propres à l'industrie, il les fera travailler tant qu'elles seront matières premières, tout comme le gouvernement existant fait en ce moment du tabac et de la poudre; ensuite il les vendra à tous ceux qui seront porteurs d'un certificat de capacité, qui sera délivré, après examen, par une académie compétente. Pour que ces matières soient définitivement employées pour les consommer, toutes ces choses seront tarifées, comme l'argent, le pain. Chaque chose aura une administration particulière, et ses employés seront organisés en légions, pour les envoyer où besoin sera, chacun en ce qui le concerne, tout comme on fait de la garde nationale. Quant au service de l'ordre général, tous les hommes y sont appelés indistinctement, chacun son tour à la ronde. Les entrepôts achèteront toutes les choses; ils les paieront aux prix tarifés par notre grand-père, et l'entrepôt revendra tout le même prix, plus les droits qui seront fixés, et que l'on prélèvera au marc le franc. Il y aura un entrepôt dans chaque commune, où chaque habitant aura un compte ouvert par *doit* et *avoir*. Les habitants y porteront leurs productions de toute espèce, et ils iront chercher à-compte tout ce dont ils auront besoin. Les entrepôts des communes correspondront avec celui du canton, ceux des cantons avec ceux des arrondissements, ceux des arrondissements avec le département, et enfin les départements avec le gouvernement. Notre grand-père gouvernera tout; il donnera à travailler à tous ses enfants, tant qu'il leur plaira et le genre de travail à leur choix, les uns comme employés dans les administrations, d'autres au travail des matières premières; ceux qui seront employés dans les administrations et au travail des matières premières seront employés de l'État, et tous les autres seront des travailleurs qui emploieront définitivement les matières pour les livrer à la consommation, comme le font les travailleurs en plumes, en chapeaux, en chemises et ceux de toute la lingerie, les tailleurs, les cordonniers, les chaudronniers, les ébénistes, les bijoutiers, les horlogers, etc., etc. Notre grand-père achètera à tous ces derniers tout ce qu'ils feront de conforme à ses modèles. Le temps utile employé à faire une chose en déterminera la valeur, et tout sera réglé de manière que le temps d'une industrie employé utilement soit aussi bien payé que celui d'une autre industrie.

Cette organisation fraternelle assure le travail pour le lendemain et détruit les inquiétudes présentes et celles de l'avenir.

Vous voyez que je laisse le bien qui est fait, et que j'opère par mes moyens le bien qui manque; plus je fais dire au grand-père : « Je suis pour vous tous, et vous, vous êtes chacun pour vous, c'est-à-dire chacun travaille pour soi, Dieu pour tous. »

FIN.

Le point politique de cet ouvrage est d'unir toutes les nuances, pour que la lutte politique soit terminée et que toute la terre ne soit plus qu'un seul domaine; afin qu'il n'y ait plus d'enfants déshérités, que les fruits appartiennent aux travailleurs; qu'il n'y ait plus de maîtres et de marchands; pour qu'on n'ait que des choses agréables à se faire et à se dire.

Imprimerie GERDÈS, rue Saint-Germain des Prés, 10.

www.ingramcontent.com/pod-product-compliance
Ingram Content Group UK Ltd.
Pitfield, Milton Keynes, MK11 3LW, UK
UKHW020319220726
13923UKWH00003B/1242

9 782019 299446